Otfried Preußler
Dreikönigsgeschichten

Otfried Preußler
Dreikönigsgeschichten

Die Krone des Mohrenkönigs
Das Lied der Zikade

Mit Bildern von Herbert Holzing

Deutscher
Taschenbuch
Verlag

Die Erzählung ›Die Krone des Mohrenkönigs‹ wurde dem Band
›Der Engel mit der Pudelmütze‹ entnommen, erschienen 1985
beim K. Thienemanns Verlag in Stuttgart (ISBN 3-522-13960-7)

Von Otfried Preußler sind außerdem bei dtv junior lieferbar:
Bei uns in Schilda, Band 7258
Hörbe mit dem großen Hut, Band 70148
Brot für Myra. Eine Geschichte vom heiligen Nikolaus, Band
79036

bei dtv:
Die Flucht nach Ägypten. Königlich böhmischer Teil, Band
1707
Das Otfried Preußler Lesebuch. Hrsg. von Heinrich Pleticha
und Hansjörg Weitbrecht, Band 10959

Oktober 1989
2. Auflage September 1990
Deutscher Taschenbuch Verlag GmbH & Co. KG, München
© für die Erzählung ›Die Krone des Mohrenkönigs‹ (ungekürzt):
1985 K. Thienemanns Verlag in Stuttgart
© für die Erzählung ›Das Lied der Zikade‹:
1989 Deutscher Taschenbuch Verlag GmbH & Co. KG,
München
© für die Illustrationen:
1989 Deutscher Taschenbuch Verlag GmbH & Co. KG,
München
Umschlaggestaltung: Celestino Piatti
Umschlagbild: Herbert Holzing
Gesetzt aus der Trump 14/16˙
Gesamtherstellung: Kösel, Kempten
Printed in Germany · ISBN 3-423-70178-1

Die Krone des Mohrenkönigs

*Die Geschichte von Birnbaum-Plischke
und seiner Rosina, von der Biersuppe für die morgenländischen Majestäten, vom Griff in das Reisebündel
sowie von den Folgen, die Plischken daraus
entstanden sind.*

In jenen Tagen und Nächten damals, als die Dreikönige aus dem Morgenland unterwegs waren, um nach dem Jesusknaben zu suchen und ihm mit Myrrhen, Weihrauch und Gold ihre Huldigung darzubringen, sind sie, so ist uns als Kindern erzählt worden, auch in die Gegend gekommen, wo ich in früheren Jahren zu Hause gewesen bin: also ins Böhmische, über die schlesische Grenze herein, durch die großen verschneiten Wälder. Das mag man, vergegenwärtigt man sich die Landkarte, einigermaßen befremdlich, ja abwegig finden; indessen bleibt zu erinnern, daß die Dreikönige, wie geschrieben steht, nicht der Landkarte und dem Kompaß gefolgt sind auf ihrer Reise, sondern dem Stern von Bethlehem, und dem wird man es schwerlich verübeln können, wenn er sie seine eigenen Wege geführt hat.

Jedenfalls kamen sie eines frostklaren Wintermorgens über die Hänge des

Buchbergs gewandert und waren da: nur sie drei allein, wie man uns berichtet hat, ohne Troß und Dienerschaft, ohne Reitpferde und Kamele (die hatten sie wohl zurücklassen müssen, der Kälte wegen, und weil sie im tiefen Schnee kaum weitergekommen wären, die armen Tiere). Sie selbst aber, die Dreikönige aus dem Morgenland, seien ganz und gar nicht gewandet gewesen wie Könige, sondern in dicken, wattierten Kutschermänteln kamen sie angestapft, Pelzmützen auf dem Kopf und jeder mit einem Reisebündel versehen, worin er nebst einiger Wäsche zum Wechseln und den Geschenken, die für den Jesusknaben bestimmt waren, seine goldene Krone mitführte: weil man ja, wenn man von weitem schon an der Krone als König kenntlich ist, bei den Leuten bloß Neugier erregt und Aufsehen, und das war nicht gerade nach ihrem Geschmack, im Gegenteil.

»Kalt ist es!« sagte der Mohrenkönig und rieb sich mit beiden Händen die Ohren. »Die Sterne am Himmel sind längst verblaßt – wir sollten uns, finde ich, für den Tag eine Bleibe suchen.«

»Recht hast du, Bruder Balthasar«, meinte der König Kaspar und schüttelte sich die Eiszapfen aus dem weißen Bart. »Seht ihr das Dorf dort? Versuchen wir's gleich an der ersten Haustür, und klopfen wir an!«

König Melchior als der jüngste und kräftigste watete, seinen Gefährten voran, durch den knietiefen Schnee auf das Haus zu, das ihnen am nächsten war.

Dieses Haus, wie der Zufall es wollte, gehörte dem Birnbaum-Plischke; und Birnbaum-Plischke, das darf nicht verschwiegen werden, genoß bei den Leuten im Dorf nicht gerade das beste Ansehen, weil er habgierig war und ein großer Geizkragen – und aufs Geld aus, herrje, daß er seine eigene Großmutter, wenn

8

sie noch lebte, für ein paar Kreuzer an die Zigeuner möchte verschachert haben, wie man so sagt. Nun klopfte es also an seiner Haustür, und draußen standen die Könige aus dem Morgenland, aber in Kutschermänteln, mit Pelzmützen auf dem Kopf, und baten den Birnbaum-Plischke um Herberge bis zum Abend. Zuerst hat Plischke sie kurzerhand wegschicken wollen, nämlich: mit Bettelleuten möcht er sich nix zu tun machen, knurrte er. Aber da hat ihm der König Melchior einen Silbertaler unter die Nase gehalten, um ihm zu zeigen, daß sie die Herberge nicht umsonst begehrten – und Plischke den Taler sehen, die Augen aufreißen und die Haustür dazu: das war alles eins.

»Belieben die Herren nur einzutreten!« hat er gesagt und dabei nach dem Taler gegrapscht, und dann hat er gekatzbukkelt, daß er sich bald das Kreuz verrenkt hätte. »Wenn die Herren so gut sind

und möchten mit meiner bescheidenen Stube vorliebnehmen, soll's ihnen an nix fehlen!«

Seit er den Taler bekommen hatte, war Birnbaum-Plischke wie ausgewechselt. Vielleicht, hat er sich gesagt, sind die Fremden reisende Kaufleute – oder verkleidete polnische Edelleute, die mitsamt ihrem Leibmohren unerkannt über die Grenze wollten? Jedenfalls sind sie was Besonderes, weil sie Geld haben, und zwar viel, wie es scheint: Wer zahlt schon für ein paar Stunden am warmen Ofen mit einem vollen Taler? Da kann, wenn du Glück hast, Plischke, und es den Herren recht machst, leicht noch ein zweiter rausspringen...

Solches bedenkend, führt Birnbaum-Plischke die Könige in die gute Stube und hilft ihnen aus den Mänteln; dann ruft er sein Weib, die Rosina, herzu und sagt ihr, sie soll eine Biersuppe für die Herren kochen, aber geschwind, geschwind, und daß sie ihm ja nicht an Zucker und Zimt spart, die Nelken auch nicht vergißt – und zum Schluß ein paar Löffel Branntwein dran!

Die Plischken erkennt ihren Alten kaum wieder. Was mag bloß in den gefahren sein? Er aber scheucht sie zur Tür hinaus, in die Küche, und poltert, daß sie sich sputen soll, denn die Herren sind hungrig und durchgefroren und brauchen was Heißes zum Aufwärmen, und da ist eine Biersuppe akkurat richtig für sie, die wird ihnen guttun. Er selbst eilt hernach in den Holzschuppen, schleppt einen Korb voll Buchenscheite herbei, und dann schürt er im Kachelofen ein mächtiges Feuer an, daß es nur so prasselt. Den Königen ist es nicht entgangen, wie gründlich sich Birnbaum-Plischkes Verhalten geändert hat, und es ist ihnen nicht ganz wohl dabei, denn sie können den Blick nicht vergessen, mit dem er sich auf den Taler gestürzt hat.

»Kann sein«, sagt der König Melchior, während Plischke noch einmal um Holz hinausläuft, »kann sein, daß es besser ist, wenn wir ein Häusel weitergehen. Der Mann da gefällt mir nicht.«

König Kaspar ist einer Meinung mit ihm. Doch der Mohrenkönig erwidert: »Bedenkt, liebe Brüder, daß wir in Gottes Hand stehen! Wenn es sein Wille ist, daß wir das Kindlein finden, um dessentwillen wir seinem Stern hinterdreinwandern Nacht für Nacht: dann wird er auch dafür sorgen, daß uns kein Leid geschieht unterwegs – weder hier, unterm Dach dieses Menschen, der voller Geldgier und Falsch ist, noch anderswo.«

Das sehen die Könige Kaspar und Melchior ein, und sie schämen sich ihres Kleinmuts und sagen zum König Balthasar: »Recht hast du, Bruder Mohrenkönig! Wir wollen uns Gott befehlen und bis zum Abend hierbleiben, wo wir nun einmal sind.«

Bald danach tischte Plischkes Rosina
ihnen die Biersuppe auf, und das heiße
Gebräu, das nach Zimt und nach Nelken
duftete, und ein wenig nach Branntwein,
das heiße Gebräu tat den Königen wohl,
auf die kalte Nacht hin: so wohl, daß der
Mohrenkönig die Plischken um das Rezept bat und es sich aufschrieb und ihr
dafür einen Taler verehrte, obgleich, wie
er meinte, ein solches Rezept nicht mit
Geld zu bezahlen sei.

Was aber eine richtige Biersuppe ist,
noch dazu, wenn die Köchin nicht mit
dem Branntwein gespart hat: die macht,
wie man weiß, nicht nur warm, die
macht auch schläfrig. Den Königen aus
dem Morgenland kam das gerade recht,
sie hätten sich ohnehin ein paar Stunden
aufs Ohr gelegt, wie sie das allerorten zu
tun pflegten, wo sie Tagrast hielten.

Sie waren dabei, was ihr Lager anging,
nicht wählerisch. Schon wollten sie auf
dem hölzernen Fußboden ihre Mäntel

ausbreiten, um sich daraufzulegen, in
Hemd und Hosen, das Reisebündel unter dem Kopf und die Jacke, so weit
sie reichte, als Zudecke über den Leib –
da kommt Birnbaum-Plischke hinzu,
schlägt die Hände über dem Kopf zusam-
men und sagt, daß er das nicht zuläßt,
daß sich die Herren Reisenden auf den
Fußboden legen. Das könnten sie ihm
nicht antun, da müßt er sich ja seiner
Lebtag in Grund und Boden schämen:
kurzum, er besteht darauf, daß die drei
ihm hinauffolgen in die Schlafkammer,
wo die Rosina inzwischen schon alles
frisch bezogen hat, und daß sie in ihren
eigenen, Plischkens, Betten schlafen,
denn anders macht er's auf keinen Fall,
und das dürften sie ihm nicht abschla-
gen. Damit eilt er auch schon hinaus und
zieht hinter sich die Tür zu.
Die Könige Kaspar und Melchior haben
sich staunend angeblickt und den Kopf
geschüttelt; aber der Mohrenkönig, der

König Balthasar, hat ganz einfach sein Reisebündel neben die Tür geworfen, und dann hat er angefangen, sich auszuziehen.

»Wie lang ist es her«, rief er lachend, »daß wir in richtigen Betten geschlafen haben? Kommt, worauf wartet ihr, da ist Platz genug für uns!«

Die Könige Kaspar und Melchior mußten ihm beipflichten, und nachdem sie den Birnbaum-Plischke noch einmal hereingerufen und ihm den Auftrag gegeben hatten, er möge sie gegen Abend wecken, sie müßten bei Dunkelheit weiterziehen, legten auch sie ihre Bündel und Kleider ab; und nun zeigte sich's, daß der Mohrenkönig sich nicht verschätzt hatte: Plischkens Ehebett war so breit und geräumig, daß sie zu dritt darin unterkamen, ohne sich gegenseitig im Weg zu sein. Das frische Leinen duftete nach dem Quendelkraut, das die Rosina als gute Hausfrau in ihrer Wäschetruhe nicht missen mochte, das Lager war weich und warm, und die Biersuppe tat ein übriges nach der langen Nacht: den Königen aus dem Morgenland fielen die Augen zu, und es dauerte kaum ein paar Atemzüge, da schliefen sie tief und fest, und der Mohrenkönig fing voller Inbrunst zu schnarchen an, als gelte es, einen ganzen Palmenhain kurz und klein zu sägen.

So schliefen sie also und schliefen und merkten nicht, wie sich Birnbaum-Plischke auf leisen Sohlen hereinschlich und sich an ihren Bündeln zu schaffen machte, atemlos und mit flinken Fingern. Denn Plischke ist nicht von gestern; er ahnt, daß die fremden Herren von reicher Herkunft sind, und nun will er es ganz genau wissen, was es mit ihren Bündeln auf sich hat. Er durchwühlt sie – und findet die Königskronen!

Da ist es um ihn geschehen. Ohne sich lang zu besinnen, nimmt er die größte und kostbarste der drei goldenen Kronen an sich (daß es die Krone des Mohrenkönigs gewesen ist, hat er natürlich nicht ahnen können, woher denn auch?), und nachdem er die Bündel wieder verschnürt hat, eilt er mit seiner Beute hinab in den Ziegenstall, wo er sie unters Stroh schiebt und einen leeren Melkeimer drüberstülpt. Hoffentlich, denkt er, merken die Fremden nichts davon, wenn sie aufwachen und sich anziehen...

Aber die Könige aus dem Morgenland schöpfen keinen Verdacht, wie Plischke sie wecken kommt. Außerdem sind sie in Eile, sie essen nur rasch noch ein paar Löffel Hafergrütze, dann ziehen sie ihre Mäntel an, schlagen die Krägen hoch, geben Plischkens zum Abschied zwei Taler, bedanken sich für das gute Quartier und das Essen – und ahnungslos ziehen sie ihres Weges.

Die Sterne funkeln über den Wäldern,

der Schnee knirscht bei jedem Schritt,
und Birnbaum-Plischke steht unter der
Tür seines Hauses und blickt den Dreikönigen nach, bis sie endlich zum Dorf
hinaus und verschwunden sind.

Nun hält es ihn nicht mehr länger, er
rennt in den Ziegenstall, stößt den
Melkeimer mit dem Fuß weg und zieht
unterm Stroh die goldene, mit Juwelen
besetzte Krone hervor. Er läuft damit in
die Küche, wo die Rosina gerade dabei
ist, die Teller und Löffel zu spülen; und
wie sie die Krone in seinen Pratzen funkeln und blitzen sieht, da erschrickt
sie und wendet sich von ihm ab.
»Plischke!« ruft sie. »Was soll das, um
Himmels willen, was hast du da?«

Augenzwinkernd erklärt ihr Plischke,
woher er die Krone hat. Er will sie, so
sagt er ihr, einem Goldschmied verkau-
fen, drüben in Bunzlau oder herüben in
Reichenberg – je nachdem, wo ihm mehr
geboten wird. Sie aber, die Rosina, will

das nicht hören, sie fällt ihm ins Wort und beginnt zu keifen. »Plischke!« zetert sie. »Bist du um allen Verstand gekommen? Die Fremden werden dich an den Galgen bringen, wenn sie herauskriegen, was du getan hast!«

»Nu, nu«, beschwichtigt sie Plischke, »die haben doch keinen Beweis gegen mich, die können die Krone ja sonstwo verloren haben – da mach dir nur keine Sorgen, Alte, das hab ich mir alles genau überlegt.«

Und dann sticht ihn der Hafer, da nimmt er die Krone des Mohrenkönigs in beide Hände und setzt sie sich auf den Schädel, zum Spaß nur, aus schierem Übermut – und, o Wunder, sie paßt ihm wie angegossen, als sei sie für ihn geschmiedet. »Sieh her!« ruft er der Rosina zu und tanzt in der Küche herum. »Wie gefall ich dir mit diesem Ding?« Plischkens Rosina, kaum daß sie ihn flüchtig betrachtet hat, fängt zu lachen an. »Nein doch!« prustet sie. »Laß den Unsinn, Plischke, und wasch dir den Ruß vom Gesicht, du siehst ja zum Fürchten aus!«

»Welchen Ruß denn?« fragt Birnbaum-Plischke und schaut in den Spiegel neben dem Küchenschrank. Da sieht er, daß seine Stirn und die Wangen schwarz sind, die Nase, das Kinn und die Ohren ebenso – schwarz, wie mit Schuhwichse vollgeschmiert. »Sonderbar«, meint er, »das muß von der Lampe kommen oder vom Ofenschüren ... Schaff Wasser her, Alte, Wasser und Seife, damit ich das wieder runterbringe!«

Dann setzt er die Krone ab, zieht das Hemd aus und wäscht sich; er schrubbt das Gesicht mit der Wurzelbürste und heißem Wasser, mit Soda und Seifenlauge. Es ist wie verhext mit der schwarzen Farbe, sie läßt sich nicht wegrumpeln, auch mit Waschsand nicht, eher scheuert er sich die Haut durch.

Da dämmert es Plischken, daß er zu einem Mohren geworden ist; und die Rosina merkt auch, daß die Farbe echt ist und nie mehr abgehen wird.

»Ogottogott!« schluchzt sie. »Was werden die Leute bloß sagen, wenn du mit deiner schwarzen Visage ins Dorf kommst! Die werden sich schief und krumm lachen, wenn sie dich sehen! Und glaub mir, die Kinder werden dir nachlaufen, wo du auftauchst, und schreien: ›Der Mohr kommt, der Mohrenplischke!‹ Und alles nur, weil du die Krone gestohlen hast!«

»Was denn?« meint Plischke betroffen. »Was soll denn die Krone damit zu tun haben, daß ich schwarz bin?«

»Da fragst du noch?« fährt die Alte ihn an. »Ich sag dir's ja: Weil du die Krone gestohlen hast, bist du zur Strafe ein Mohr geworden – das ist doch so klar wie nur irgendwas auf der Welt! Und ein Mohr wirst du bleiben in alle

Ewigkeit, wenn du sie nicht zurück-
gibst!«

»Die Krone?« ruft Plischke. »Die Krone
soll ich zurückgeben? Überleg dir mal,
was du da redest, Alte!«

»Da gibt's nichts zu überlegen«, sagt die
Rosina, »begreif das doch! Zieh die Stie-
fel an, Plischke, und lauf, was du kannst,
damit du die Herren einholst und die
Geschichte ins reine bringst!«

Plischke, nach einigem Wenn und Aber,
sieht ein, daß ihm keine andere Wahl
bleibt: die Alte hat recht. Also her mit
den Stiefeln, den Mantel an und die
Mütze auf! – Und die Krone? »Die schlagen wir in ein Tuch ein«, sagt die Rosina.
Das tut sie auch, und dann schiebt sie
den Birnbaum-Plischke zur Tür hinaus
in die Kälte. »Lauf zu!« ruft sie hinter
ihm drein. »Lauf zu und verlier die Spur
nicht!«

Der Mond scheint, es ist eine helle
Nacht, und die Spur, die die Könige hin-

terlassen haben, ist leicht zu finden; sie
führt über Berg und Tal, durch die Wälder und über Blößen, immer geradeaus,
wie mit dem Lineal gezogen. Plischke,
was-hast-du-was-kannst-du, folgt ihr, so
schnell ihn die Füße tragen – und endlich, schon tief im Böhmischen ist es, die
Sterne am Himmel verblassen bereits,
und hinter den Bergen zeigt sich der
Morgen an: endlich erblickt er die drei
vor sich, einen Hügel emporsteigend.

»Heda!« schreit er und »Holla!« und
»Wartet doch, wartet doch! Ich bin's, ich
hab was für euch!«

Da bleiben die Könige stehen und wen-
den sich nach ihm um, und Birnbaum-
Plischke nimmt seine letzte Kraft zu-
sammen und rennt auf sie zu mit den
Worten: »Ihr habt was vergessen bei uns
in der Schlafkammer – das da ... Ich hab
es gefunden und bin euch nachgerannt:
hier!« Damit schlägt er das Tuch ausein-
ander und hält ihnen die gestohlene

27

Krone hin. »Die gehört euch doch – oder?«

Der Mohrenkönig erkennt sie sogleich, und er freut sich darüber, daß Plischke sie ihm gebracht hat. »Hab Dank, guter Mann«, sagt er. »Weit hast du laufen müssen, um sie mir nachzutragen: Gott lohn es dir!«

Birnbaum-Plischke blickt überrascht in das freundliche schwarze Gesicht des Fremden. Und plötzlich, Plischke erkennt sich kaum wieder, kommt er sich fürchterlich schäbig vor. Etwas würgt ihn im Halse, das muß er loswerden, sonst erstickt er dran.

»Herr«, bringt er mühsam hervor, »sag nie wieder ›guter Mann‹ zu mir! Du mußt wissen, daß ich ein Dieb bin – und daß ich die Krone gestohlen habe.«

»Gestohlen?« staunte der Mohrenkönig. »Und wiedergebracht?«

»Weil mir's leid tut«, stammelte Plischke, »und weil es nicht recht war.

28

Verzeiht mir, ich bitte euch sehr darum!«

Die Dreikönige aus dem Morgenland blickten sich an, und es schien, daß sie einer Meinung waren.

»Wenn es dir leid tut«, sagte der Mohrenkönig, »dann sei dir verziehen, Alter, und alles hat seine Ordnung. – Aber was hast du denn?«

»Ach«, druckste Plischke herum, denn mit einem Mal war es ihm wieder eingefallen. »Es ist bloß ... Ich möchte sagen ... Mir ist da ein dummes Ding passiert. – Werd ich auch wieder ein weißes Gesicht haben, wenn ich zurückkomme in mein Dorf?«

»Dein Gesicht wird so weiß sein wie eh und je«, versprach ihm der Mohrenkönig. »Doch scheint es mir auf die Farbe, die eines Menschen Gesicht hat, nicht anzukommen. Laß sie von mir aus schwarz oder gelb oder rot sein wie Kupfer – Hauptsache, daß du kein schwarzes

Herz hast! Die Leute freilich, die sehen das nicht. Aber einer sieht es, der alles sieht: das bedenke!«

Dann wandten die Könige sich zum Gehen, und Plischke allein zurücklassend (mochte er zusehen, wie er mit sich ins reine kam), zogen sie ihres Weges weiter, nach Bethlehem.

Das Lied der Zikade

*Die Geschichte von den heiligen Dreikönigen,
wie sie auf dem Heimweg durchs Königreich Böhmen
in schwere Bedrängnis geraten sind,
ferner von Kittelseff und den beiden Hüttenjungen
sowie von der kleinen Hausgrille
und dem Segen des Herrn.*

Nachdem sie, dem Weihnachtsstern folgend, das Gotteskind in der Krippe gefunden, mit Weihrauch, Myrrhen und Gold es beschenkt und den Segen dafür empfangen hatten, so hätten sie nun getrost nach Hause zurückkehren dürfen, die heiligen Dreikönige aus dem Morgenland, und zwar auf geradem Wege: dies aber haben sie nicht getan, da ein Engel des Herrn sie im Traum vor dem König Herodes gewarnt hatte, der dem Kindlein von Bethlehem nach dem Leben trachte, weshalb sie denn, um den Bösewicht irrezuführen, auf allerlei Um- und Abwegen weitergezogen sind, kreuz und quer durch das jüdische Land, bis sie schließlich der Meinung waren, es sei an Verwirrung alles getan, was sich habe tun lassen; jetzt erst traten sie wirklich den Rückweg an, heimzu ins Morgenland, wobei sie auch diesmal wieder das Königreich Böhmen durchwandern mußten, zur schlesischen Grenze hin.

Der Weihnachtsstern war erloschen, es
lag nun an ihnen selber, den Weg nach
Hause zu finden, was glücklicherweise
nicht halb so schwierig war, wie es sich
anhören mag. Zum einen kannten sie ja
die Richtung, die sie zu nehmen hatten,
wenigstens ungefähr, und zum andern
brauchten sie nicht mehr des Nachts zu
wandern, sondern sie konnten am hel-
lichten Tage reisen. Da gab es Straßen-
schilder, da gab es Leute, die sich befra-
gen ließen, so daß sie ganz gut zurecht-
kamen, ohne alle Verzögerung, ohne un-
nützen Aufenthalt, denn das wird man
verstehen können, daß es sie heftig danach verlangte, wieder nach Hause zu
kommen.

Besonders der König Balthasar aus dem
Mohrenland drängte zur Eile. Mit jedem
Reisetag wuchs die Sehnsucht in seinem
Herzen, die Sehnsucht nach seiner Frau,
auch nach seinem Palast inmitten der
weiten Gärten: dort wollte er ausruhen

von der Reise, Seite an Seite mit seiner
schönen, der dunkelhäutigen Königin,
unter dem Dach eines seidenen Balda-
chins; der Duft von Rosen und Mandel-
blüten würde zu ihnen herüberwehen –
und endlich würde er dann von ferne das
sirrende, schwirrende Lied der Zikaden
hören und wissen, daß er nun wieder
daheim sei...

Der Mohrenkönig ist es denn auch gewesen, der seine Gefährten im böhmischen
Städtchen Turnau dazu überredet hat,
mit dem Postschlitten weiterzufahren,
hinauf zur Grenze. Das muß in der Zeit
um Mariä Lichtmeß gewesen sein, die
Nächte waren noch bitterkalt, die Tage
indessen begannen schon merklich länger zu werden. Der Himmel über dem
Königreich Böhmen hatte sich während
der frühen Morgenstunden mit schwe-
rem Gewölk überzogen – und richtig, die
Könige hatten den Postschlitten kaum
bestiegen, da fallen auch schon die er-

sten Flocken, vereinzelt noch, rasch aber werden es mehr und mehr. Und wie sie ums Dunkelwerden in Tannwald vorfahren, an der Posthalterei, da herrscht unterdessen ein richtiges Schneegestöber, das auch am anderen Morgen anhält, mit unverminderter Heftigkeit.

Die Dreikönige hatten die Nacht in der Posthalterei verbracht, auf dem Heuboden überm Pferdestall, und wie sie dann in der Frühe am Tisch sitzen bei der Morgensuppe, eröffnet ihnen der Tannwalder Posthalter höflich, jedoch mit Bestimmtheit, er könne leider den Schlitten heute nicht weiterschicken, wie ursprünglich vorgesehen: nämlich bei diesem elenden Stöberwetter, da möcht' ihm das zu gefährlich sein, für den Kutscher und das Gespann, von den Herren Fahrgästen ganz zu schweigen.

Damit hatten die Könige aus dem Morgenland nicht gerechnet, und wiederum war es der Mohrenkönig, der weiter-

drängte. Sie würden schon, meinte er, als der Flockenwirbel vorübergehend ein wenig nachließ, mit Gottes Hilfe auch ohne Postschlitten bis zur Grenze durchkommen, und zwar heut noch: es könne bis dorthin ja allzu weit nicht mehr sein.

No schön, alle Warnungen, alle Bitten des Posthalters in den Wind schlagend, zogen sie also los, auf der Straße nach Polaun dahin, und es hatte zunächst den Anschein, als sollten sie ihren Entschluß nicht bereuen müssen. Die ersten zwei Meilen haben sie gut hinter sich gebracht, auch die Hälfte der dritten noch. Die Straße war nicht zu verfehlen, bei allem frischgefallenen Schnee nicht, denn jeweils im Abstand von zwanzig bis dreißig Schritten hatte man ihre Ränder mit Stangen abgesteckt. Der Mohrenkönig ist vorneweggestapft, die andern sind ihm in seinen Fußstapfen nachgefolgt, der König Kaspar zum

Schluß, denn er war der älteste von den dreien, noch rüstig für seine Jahre, aber doch eben nicht mehr der Kräftigste. Deshalb fragte der König Balthasar ihn von Zeit zu Zeit, indem er sich nach ihm umwandte: »Sag, Bruder Kaspar, kommst du noch mit – oder sollen wir eine Pause machen?«

Es mag um die zweite Nachmittagsstunde gewesen sein, da begann es mit einem Mal wieder stärker zu schneien, und nicht nur dies! – es schneite von jetzt an so dicht und fein, daß sie meinten, es seien Schleier von weißem Tüll, die vom Himmel auf sie herabsanken und sie einhüllten, daß sie kaum noch die Hand vor den Augen sahen, geschweige denn bis zur nächsten Stange am Straßenrand.

»Laßt uns achtgeben, daß wir beisammenbleiben«, sagte der König Melchior voller Sorge. »Am besten, wir halten uns aneinander fest – und dich, Bruder

Kaspar, nehmen wir in die Mitte, das ist am sichersten.«

Der König Melchior, nun am Ende der Reihe, legte dem König Kaspar die rechte Hand auf die linke Schulter, der König Kaspar die seine dem Mohrenkönig. So stapften sie ihres Weges, Blinden gleich, die ein Blinder führt. Immer tiefer versanken sie mit den Füßen im Schnee, immer länger brauchten sie nun von Stange zu Stange. Darüber wurde es dunkel, die Nacht brach herein, und nicht lange, so merkten sie, daß sie die Richtung verloren hatten.

Ein Wald nahm sie auf, das merkten sie an den Bäumen zu beiden Seiten des Weges. Der Pfad, dem sie folgten, war schmal. Ein paarmal streiften sie an verschneite Äste. Dann war es, als schlitzte jemand zu ihren Häupten ein Federbett auf – nur daß es nicht Daunen waren, mit denen sie überschüttet wurden: nein, es war Schnee, es war Schnee und Schnee.

Allmählich verließen den König Kaspar die Kräfte. »Gib mir dein Reisebündel, ich trag dir's!« sagte der Mohrenkönig und sprach den Gefährten Trost zu. »Gott wird uns nicht verlassen, Brüder. Kann sein, daß wir bald einen Schimmer von Licht erspähen; kann sein, daß wir auf ein Haus, eine Hütte stoßen: dort werden wir unterkriechen und abwarten, bis es zu schneien aufhört.«
Er durfte nicht daran denken, daß er es gewesen war, der in Tannwald zum Aufbruch gedrängt hatte: Wenn sie nicht durchkamen, wenn sie zugrundegingen in den verschneiten Wäldern, so trug er die Schuld daran, er allein. Dann würde es keine Heimkehr geben für sie, kein Wiedersehen mit seiner Liebsten – und niemals, niemals würde er je in den weiten Gärten seines Palastes das sirrende, schwirrende Lied der Zikaden hören...
Das Herz ward ihm schwer und schwerer mit jedem Schritt. Und was tat er in

seiner Bedrängnis, der König Balthasar aus dem Mohrenland? In seiner Bedrängnis hob er mit fester Stimme zu singen an, voller Vertrauen und Inbrunst:

»Der du Licht und Leben bist,
Herr und Heiland Jesu Christ,
Führe uns an deiner Hand
Durch Nacht und Schnee
Im fremden Land!«

Das Lied des Mohrenkönigs bestand nur aus dieser einen Strophe, sie war ihm gerade eingefallen. Und da in der einen Strophe alles enthalten war, alles, worauf sie hofften und was sie sich wünschten in dieser verzweifelten Stunde, so fielen die beiden anderen Könige ein: König Kaspar mit dünner Greisenstimme, der König Melchior um so kräftiger. Sie sangen die eine Strophe ein zweites, ein drittes, ein zwölftes Mal – und so fort und fort.

Der Wald zu Seiten des Pfades, sie merkten es trotz der Dunkelheit und des Schneetreibens, war zurückgetreten. Nun schritten sie über freies Feld dahin, stets gewärtig, in einen Graben zu fallen, in eine der Felsenschluchten zu stürzen, mit denen es im Gebirge immer zu rechnen galt. Nirgends, trotz allen Betens und Singens, der Schein eines Lichtes, nirgends das Dach einer Baude, ein Stall oder Schuppen: alles nur schwarz in schwarz, alles weiß in weiß. Doch plötzlich verstummt der Mohrenkönig, noch wagt er es nicht zu glauben... »Singt!« ruft er den Gefährten zu. »Singt weiter, ihr lieben Brüder und Könige – singt, o singt!«

Die Könige Kaspar und Melchior singen weiter, der Mohrenkönig zieht prüfend die Luft ein. Kein Zweifel schließlich! Was er mit seiner schwarzen, der überaus feinen Mohrennase erwittert hat: es ist Rauch, das ist wirklich Rauch! Wo aber Rauch ist, muß Feuer sein – und wo Feuer ist, werden sie Obdach finden!

Dem König Balthasar bleibt nicht die Zeit, darüber auch nur ein Wort zu verlieren. Mit einem Mal können sie nicht mehr weiter, sie sind an ein großes hölzernes Tor geraten, fast wäre der Mohrenkönig dagegengestoßen! Sie klopfen, sie bitten um Einlaß, es wird ihnen aufgetan. In der Öffnung des Tores, beleuchtet von einem brennenden Kienspan in der erhobenen Hand: wer beschreibt ihr Erstaunen? Ein Mohr ist es, der ihnen da entgegentritt, schwarz von Händen und schwarz von Angesicht!

Wir wollen es kurz machen. Jener vermeintliche Mohr ist Herr Josef Kittel gewesen, Kittelseff, seines Zeichens Nachtschürer auf der Glashütte an der Iser. Und Kittelseff, über und über rußgeschwärzt, wie der Beruf eines Schürers es mit sich bringt, Kittelseff ist beim Anblick der Fremden nicht minder verwundert, als wie es der Mohrenkönig und dessen Begleiter sind. »Nanu!« ruft er aus. »Wen hat's mir denn da vor die Hütte geschneit? Wer seid ihr, und woher kommt ihr bei diesem Hundewetter?«

»Wir kommen von weit her«, tut ihm der Mohrenkönig Bescheid und fragt, ob sie eintreten dürfen. — »No was denn! Immer hübsch rein mit euch!« Kittelseff scheucht die Hüttenjungen herbei, den Nitsch-Hans und Breuers Gustav. »Seht ihr nicht, daß sie voller Schnee sind? Holt Besen und staubt sie ab!« Die Hüttenjungen tun ihre Sache gründlich. Sie ruhen nicht eher, als bis sie die Fremden gänzlich vom Schnee befreit haben. »Und jetzt her mit den Mänteln und Mützen, wir hängen sie euch zum Trocknen auf!«

Wohin waren sie da geraten, die morgenländischen Majestäten? Sie standen in einem hohen und weiten, von rauchiger Wärme erfüllten Raum, der nur spärlich von waberndem Licht erhellt war. Vor ihnen erhob sich ein ungetümes Gebilde, nicht unähnlich einem Kohlenmeiler, massig und breit, nach oben hin abgerundet. An einigen Stellen, aus Ritzen und Spalten, flackerte aus der Tiefe des dunklen Gebildes Flammenschein, Feuersglut.

»No, was gibt's?« meinte Kittelseff.

»Habt ihr noch nie einen Glasofen in Betrieb gesehn?«

»Einen Glasofen?« wiederholte der Mohrenkönig das ihnen ungeläufige Wort.

»In solchen Öfen wird Glas gemacht«, belehrte sie Kittelseff. »Aus Quarz und Kalkstein und Asche schmelzen wir's in den Flammen heraus, hier bei uns in den Wäldern. Und wir da, die Hüttenjungen und ich, wir sorgen dafür, daß das Feuer nicht ausgeht während der Zeit des Schmelzens.« Er zeigte auf eine Öffnung am unteren Rand des Ofens, aus der es den Königen feurig entgegenschlug. »Dort unten, das ist das Schürloch, da werden die vorgetrockneten Scheiter eingeschoben, hübsch langsam und gleichmäßig... – No, was gibt's denn, was hat's denn?« Er wandte sich an die Hüttenjungen. »Glotzt mir nicht rum da! Holt Scheiter herzu – und dann eingeschürt, immer eingeschürt!«

Die Hüttenjungen huschten davon, Kittelseff konnte sich wieder den Fremden zuwenden. »Ich denk' mir, ihr werdet hungrig sein. Und wie steht's mit dem werten Durst?«

Keine böhmische Glashütte ohne Bier, keine böhmische Glashütte ohne geröstete Erdäpfel, in der Asche des heißen Ofens herausgebraten. »Nirgendwo schmecken sie besser als hier bei uns«, behauptete Kittelseff. »Und das Bier erst, das Bier aus der Hüttenschenke! Es wird euch wohltun, es wird euch wärmen, es wird euch schläfrig machen. – Gesegnete Mahlzeit wünsch ich!«

Die Könige ließen sich vor dem Glasofen nieder, am Rand der Schürgrube. Die in der Asche gerösteten Erdäpfel und das Bier aus der Hüttenschenke, das Kittelseff ihnen in einem Humpen aus grünem Waldglas reichte: es gab nichts auf dem weiten Erdenrund, wirklich nichts, das sich mit dieser köstlichen Mahlzeit vergleichen ließ! Aus dem Schürloch strahlte den Königen Wärme entgegen und flackerndes Licht. Kittelseff schlurfte zur gegenüberliegenden Seite des Ofens, um nach den Hüttenjungen zu sehen. Als er zurückkam, meinte er rundheraus: »Übrigens ist mir was eingefallen. Drei Fremde, um diese Zeit unterwegs hier, und einer davon ein Mohr... Seid ihr am Ende gar die Dreikönige aus dem Morgenland?«

Die seien sie in der Tat, gestand ihm der

König Melchior. Es verwundre ihn bloß, daß Kittelseff sie erkannt habe.

»No was denn, das hat sich doch mittlerweile schon rumgesprochen. Sie haben euch ja gesehn in Bethlehem, unsre Leute, die dort gewesen sind. Neumanns Tonl zum Beispiel, der Botenjunge aus Dessendorf, und die alte Watznauern aus den Strickerhäusern.«

»In Bethlehem, sagst du?« Der Mohrenkönig und seine Gefährten vermochten es kaum zu fassen.

»Von Engeln gerufen und hingeführt«, sagte Kittelseff. »Der Weihnachtsstern hat auch ihnen den Weg zur Krippe gewiesen, genauso wie euch. Und himmlische Heerscharen haben gesungen über dem Stall, und das Kind in der Krippe hat sie gesegnet... Tut uns ock, bittschön ihr hohen Herren, ein bissel erzählen von Bethlehem! Ist denn die Muttergottes wirklich so lieb und schön, wie's die alte Watznauern immer sagt? Und ist denn der heilige Josef wirklich ein schlichter Zimmermann? Und der Ochs und der Esel, haben sie wirklich das Kind in der Krippe mit ihrem Atem gewärmt?«

Die Hüttenjungen waren herzugekommen und hatten sich neben Kittelseff an den Rand der Schürgrube hingehockt, den Dreikönigen gegenüber. Sie wagten sich kaum zu räuspern, sich kaum zu rühren. Wenn es nach ihnen gegangen wäre, so hätten sie wohl die ganze Nacht damit zubringen können, den Fremden zu lauschen. Aber die Könige waren müde vom weiten, beschwerlichen Weg durch den tiefen Schnee, ja es fielen dem König Kaspar ein paarmal sogar schon die Augen zu.

»No, da werden wir euch nicht länger aufhalten«, meinte Kittelseff, doch der Nitsch-Hans hat rasch noch was loswerden müssen, etwas, das ihn die ganze Zeit schon beschäftigt hatte. »Wenn ich die hohen Herrschaften, bittschön, was fragen dürfte…« Hier stockte er und bekam einen roten Kopf, bevor er mit zaghafter Stimme fortfuhr: »Nämlich, ich hab noch nie eine Krone gesehn, eine richtige Königskrone…«

Die Könige aus dem Morgenland wechselten einen Blick, dann holten sie aus den Reisebündeln die Kronen hervor und hielten sie in das Licht des Ofens. »Mein Gott, wie die glänzen!« Kittelseff schlug die Hände vors Gesicht, Breuers Gustav flüsterte: »Seht ihr die Edelsteine? Wie Brocken von buntem Glase!« Der Nitsch-Hans aber hat überhaupt keine Silbe hervorgebracht, weil er sich kaum noch zu atmen getraut hat vor Ehrfurcht und Staunen.

»Jetzt hätten aber auch wir eine Bitte an euch.« Der Mohrenkönig, nachdem sie die Kronen wieder verstaut hatten, sprach es mit ernster Miene. »Vorerst braucht niemand zu wissen, daß wir hier durchgekommen sind. Laßt ein paar Wochen ins Land gehen, ehe ihr drüber redet.«

Kittelseff und die Hüttenjungen versprachen, bis Ostern den Mund zu halten, wenn es den Herren Königen recht sei – abgemacht? »Abgemacht«, sagte der König Melchior, darauf gaben sie sich die Hand. Und nun wollten die Könige aus dem Morgenland weiter nichts mehr als schlafen, schlafen, in Ruhe und Frieden durchschlafen bis zum nächsten Morgen.

Kittelseff brachte Decken herbei, er bereitete ihnen ein Lager am Rand der Schürgrube: dies sei der angenehmste, der wärmste Platz in der Hütte, da ruhe sich's wie in Abrahams Schoß. Er rate ihnen, das alte Vatterle in die Mitte zu nehmen, da sei es am besten aufgehoben. »Und ihr da!« Dies galt nun wieder den Hüttenjungen. »Daß ihr mir keinen Lärm macht, verstanden? Schürt ein, daß das Feuer im Ofen hübsch sachte und gleichmäßig weiterbrennt – und vergeßt nicht: Wir haben Schlafgäste auf der Hütte!«

Die drei Könige aus dem Morgenland bezogen ihr Nachtlager also am Rand der Schürgrube, in der Mitte der König Kaspar, zur Linken der Mohrenkönig, zur Rechten der König Melchior, jeder sein Reisebündel unter dem Kopf, und nicht lange, so waren die beiden älteren Könige eingeschlafen. Der Mohrenkönig indessen, die Arme im Nacken verschränkt, bedachte noch einmal, was alles am heutigen Tag ihnen widerfahren war. Es schüttelte ihn noch jetzt, wenn er an den bangen Weg durch die Nacht dachte, durch das Schneetreiben, durch die einsamen Wälder. Noch einmal war alles gutgegangen für sie: wider alle Vernunft war es gutgegangen mit Gottes Hilfe. Und morgen? Und übermorgen? Der Weg

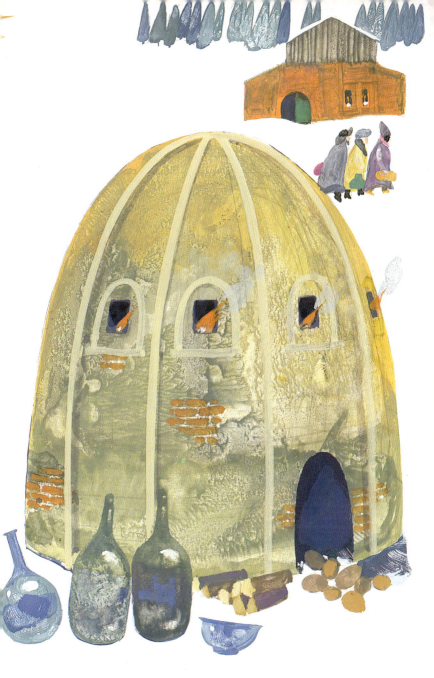

nach Hause, der Weg ins Morgen-, ins Mohrenland – ach, das wußte der König Balthasar nur zu gut: er war weit, so weit... Ob sie durchkommen würden? Ob sie trotz aller Fährnisse, aller Widrigkeiten von Wind und Wetter nach Hause durchkommen würden, seine Gefährten und er?

»Gott, der du unser Vater im Himmel bist!« fing er zu beten an. »Laß mich nicht zweifeln an deiner Gnade, an deinem Beistand! Gib mir ein Zeichen in allen Ängsten, die mich befallen haben in dieser bangen Stunde – ein Zeichen der Hoffnung, der Zuversicht!«

Und siehe, was hörte der Mohrenkönig, kaum daß er den Herrn um das Zeichen gebeten hatte? Er hörte von ferne ein Lied: das Lied, nach dem er sich über die Maßen gesehnt hatte während der letzten Tage und Nächte, je länger, je mehr... Ob es wahrhaftig eine Zikade war, deren Gesang er da hörte, liegend unter dem Dach einer böhmischen Glashütte?

Lieblich sang die Zikade, mit hoher, sirrender Stimme, wie er sie noch im Ohr hatte, aus den weiten, duftenden Gärten des Mohrenlandes, in deren Mitte er auszuruhen gedachte von dieser Reise, Seite an Seite mit seiner Frau, der schönen, der dunkelhäutigen, die so lange auf ihn gewartet hatte, auch sie voller Ängste und Sehnsucht.

Der Mohrenkönig, dem Lied der Zikade lauschend, hatte sich aufgerichtet. »Was hat's denn?« Kittelseff beugte sich fragend zu ihm herüber. »Ist was?«

»Das Lied der Zikade!« Der König Balthasar aus dem Mohrenland strahlte vor Rührung und Dankbarkeit über sein schwarzes Angesicht. »Das Lied der Zikade!«

Wenn er das Zirpen meine, das feine und hohe Sirren, erwiderte Kittelseff, also das könne er ihm erklären. »Nämlich das ist ein Heimchen«, sagte er, »eine kleine Hausgrille, wie sie auf manchen Glashütten überwintern. Und manchmal, wenn es hübsch warm und still in der nächtlichen Hütte ist, das Feuer im Glasofen brennt vor sich hin, und es schmilzt in den irdenen Häfen das liebe Glas heran – dann läßt sich's mit zarter Stimme vernehmen, das Heimchen: aber nur dort, wo der Segen des Herrn auf der Hütte ruht, wohlbemerkt.«

»Möge der Segen des Herrn euch erhalten bleiben«, sagte der Mohrenkönig, die Arme ausbreitend. »Und das Heimchen, wie du die kleine Grille nennst, sei bedankt für den Trost und die Zuversicht, die mir sein Lied gespendet hat.«

»Amen«, sagte der Kittelseff. »Amen«, sagten die Hüttenjungen, der Nitsch-Hans und Breuers Gustav. Was hätten sie sonst auch sagen können? In Augenblicken wie diesen ist Amen immer ein gutes, ein angemessenes Wort.

Am nächsten Morgen sind die Dreikönige weitergezogen, hinaus ins Schlesische. Ums Hellwerden hatte sich über
der Iser ein jäher Westwind erhoben, der
hatte das Schneegewölk aufgerissen und
weggefegt, bis der Himmel so blank und
klar war wie eine Schale von blauem
Glas, und die Sonne stieg hinter den
Wäldern auf, strahlend und groß, eine
Scheibe von purem Gold. Als gegen Mittag die Glasmacher in die Hütte kamen, mit ihren Gehilfen und Lehrjun-
gen, und das glühende Glas aus dem
Ofen holten mit ihren Glasmacherpfei-
fen, um Krüge daraus zu blasen, Fla-
schen und Trinkgefäße verschiedenster
Art und Größe: als gegen Mittag die
Glasmacher kamen, hat keiner von ihnen geahnt, und sie haben's auch nicht
erfahren, weder von Kittelseff noch von
den Hüttenjungen, wer die vergangene
Nacht auf der Iserhütte verbracht hatte.
Ostern ist schon vorbei gewesen, als die

Geschichte allmählich ruchbar geworden ist unter den Hüttenleuten, danach in den Bauden und auf den Dörfern im Umkreis; und es mag sein, daß manch einer sie bloß für ein frommes Märchen hielt, deren es viele gegeben hat in den alten Zeiten.

Eines aber war unbestritten, noch meine Großeltern haben darum gewußt und daran geglaubt: Wo immer ein Heimchen sich hören ließ auf den isergebirgischen Hütten, des Nachts, wenn es warm und still war unter dem steilen Hüttendach, nur der Nachtschürer und die Hüttenjungen sind an der Arbeit gewesen, am Einschüren und am Nachschüren, während im Ofen drin, in den hohen irdenen Häfen das Glas heranschmolz – wann immer um diese stille Zeit sich ein Heimchen vernehmen ließ, nahmen's die Hüttenleute als Zeichen dafür, daß Gottes Segen auf ihrer Arbeit ruhte, und waren dankbar dafür.